AF297989

ÉTUDE

SUR

L'ORIGINE ET LA PROPAGATION

DE L'IMPRIMERIE À TOULOUSE

AU XV⁰ SIÈCLE,

PAR M. MACARY.

Extrait du *Bulletin historique et philologique*, 1898.

Les historiens de l'imprimerie à Toulouse, MM. le docteur Desbarreaux-Bernard et Claudin, malgré les trop rares documents dont ils disposaient, ont néanmoins donné des indications très précieuses sur l'origine et le développement de cet art dans notre cité.

Il va sans dire que ces indications ont été utilisées par nous : elles ont facilité notre tâche.

M. Desbarreaux-Bernard, dans son *Histoire de l'imprimerie dans la province de Languedoc*, ne s'est appuyé que sur les incunables déposés à la Bibliothèque de la ville de Toulouse et sur les registres des tailles ou impositions déposés aux Archives de l'hôtel de ville de Toulouse.

M. Claudin, l'érudit libraire de Paris, a puisé lui aussi ses notes dans les mêmes registres. Il a publié le résultat de sa laborieuse enquête dans deux plaquettes. On trouve dans son œuvre la liste des écrivains, enlumineurs, relieurs, imprimeurs et libraires, de 1489 à 1550.

Outre les archives de la mairie de Toulouse compulsées par nos prédécesseurs, il existe deux dépôts : celui des Archives départementales et celui des Archives notariales.

Ce dernier n'avait jamais été exploré. Les rares privilégiés qui eurent le bonheur d'y pénétrer ne purent y rien prendre à cause des difficultés des recherches provenant du désordre qui y régnait.

1

DÉPÔT LÉGAL
Seine
1899

Aujourd'hui, grâce aux libéralités de MM. les notaires de l'arrondissement de Toulouse, le dépouillement et le classement sommaire des registres et des pièces vient d'être fait. Grâce à ce travail, les recherches sont devenues possibles dans ce dépôt, qui n'est pas public.

C'est du côté de ces deux dépôts que nos investigations se sont portées, la vérification des registres de la fin du xv° siècle et du commencement du xvi° siècle nous a révélé l'existence de trente documents, que nous allons analyser d'une manière très succincte.

Toulouse, on le sait, fut jusqu'à la fin du xvi° siècle un des centres universitaires et commerciaux les plus importants.

L'étendue de ses relations et de son influence explique suffisamment l'arrivée des imprimeurs allemands dans cette cité.

Ils y étaient sûrement avant l'année 1475 (n. s.) et la preuve en est facile; non seulement les étudiants allemands se groupaient autour des chaires des illustres et savants professeurs de notre Université, mais aussi les marchands de même nationalité entretenaient sur cette place des facteurs (représentants de commerce), de même Toulouse en avait dans les principales villes de l'Allemagne; il fut donc facile aux imprimeurs d'apprendre et de connaître les ressources que fournissait la ville de Toulouse pour la propagation et le développement de leur industrie. On ne doit pas s'étonner si elle fut une des premières villes choisies pour devenir le centre d'une imprimerie.

Dans un registre déposé aux Archives départementales de la Haute-Garonne : *Livre ou inventaire des titres et documens de ce grand couvent des Carmes de Tolose faict en l'an 1676*, je relève le passage suivant :

En l'an 1509 (les Carmes comptaient d'après l'ère espagnole, qui était en avance sur l'ère chrétienne de 33 ans) [1471] et le 20 octobre, etc. Monseigneur l'Archevesque de Tolose nommé Bernard de Rosergio fit elever ce sacré corps (de sainte Jeanne).

Et cette entreprinse fut dautant mieux veue, etc., car après son trepas qui feust bientost apres cette eslevation *et qu'il eut donné son approbation à la vie de cette glorieuse saincte* QUI FEUST IMPRIMEE À THOLOSE, etc [1].

[1] Arch. dép. Haute-Garonne. — Fonds des Carmes. Reg. cot. 104, page 20, n° 133. — M. l'abbé Baurens en a le premier révélé l'existence dans son livre intitulé *Vie de sainte Jeanne de Toulouse.*

Bernard de Rosergue mourut le 14 mars 1474 (n.s. 1475). De cette date il résulte qu'en 1474, et peut-être antérieurement, un atelier d'imprimerie fonctionnait à Toulouse. C'est donc à l'année 1474 au plus tard que l'on doit faire remonter l'établissement de la première imprimerie dans notre cité.

Quel fut le premier imprimeur?

Henri Tornier... d'origine allemande « Henricus Tornerii alamanus et impressor librorum » fut le premier qui fonda à Toulouse un atelier d'imprimerie. Cet imprimeur vit son industrie se développer, grâce à ses connaissances approfondies en cet art. L'acte, *Instrumentum Jacobi Gasparis mercatoris Narbone et magistri Johannis Paris impressoris librorum*, 4 avril 1483, dont nous avons entrepris l'analyse, prouve le grand crédit dont il jouissait sur la place de Toulouse, puisque Gaspard Sabatier, collégiat du collège Saint-Martial de Toulouse, consent à lui prêter sur sa simple signature « cedula mediante propria manu sua signata » une somme énorme pour l'époque, 445 écus ; ils n'ont pas besoin de l'intervention d'un notaire pour faire reconnaître la dette, la signature du débiteur sera un gage suffisant.

Malheureusement atteint de maladie ou d'infirmités « et demum dictus magister Henricus Tornerii venisset ad infirmitatem talem », Tournier voit approcher l'échéance fatale où il ne pourra tenir ses engagements « quod ab illa non potuit evadere ». Sabatier, sans tenir compte de cette vie de travail et des efforts faits par son débiteur pour s'acquitter vis-à-vis de lui, de la maladie ou des infirmités qui étreignent son malheureux débiteur, créancier inexorable, veut faire saisir ses biens « et dictus magister Gaspard Sabaterii excequtionem in bonis suis facere vellet » ; mais Paris intervient et prend à sa charge la dette de Tournier son associé « sed ad ipsum magistrum Gasparum Sabaterii venit M. Johannes Paris impressor librorum Tholose habitator, socius dicti Henrici, qui eidem M. Gaspari dixisset quod non faceret dictam excequtionem etc., quia ipse Paris erat contentus respondere pro dicto Henrico ejus socio ».

Tournier exerçait seul son industrie lorsqu'il contracta sa dette vis-à-vis de Sabatier ; ce n'est que quand il sentit ses forces s'affaiblir qu'il appela auprès de lui Paris et se l'associa.

Il est probable que Paris exerçait à Toulouse en même temps que

Tournier, mais qu'il ne vint s'y établir que quelques années après l'arrivée de Tournier.

Notre avis est que tous les incunables imprimés à Toulouse signés de la lettre T doivent être attribués à Tournier, que ce T, comme l'a prétendu M. Desbarreaux-Bernard n'est pas la première lettre de l'adjectif « teutonicus », pas plus que celle du nom patronymique de « teutonicus » comme l'avaient prétendu avant lui la Serna-Santander, Née de La Rochelle, Gabriel Peignot, J.-Ch. Brunet, etc., mais bien celle du nom de Tournier.

L'erreur commise était d'autant plus facile qu'on ignorait l'existence à Toulouse d'un imprimeur nommé Tournier.

M. Desbarreaux-Bernard, trompé par la ressemblance des caractères d'imprimerie des livres signés T et de ceux signés Paris les a attribués tous à ce dernier; maintenant, grâce à ce document, tout s'explique : Paris, étant l'associé de Tournier, se servait des caractères qui se trouvaient dans l'atelier.

Paris fut, d'après nous, le deuxième imprimeur de Toulouse; il vécut jusqu'en 1502. Ce fut un ouvrier très habile, il entretint des relations commerciales avec l'Espagne, comme l'atteste l'acte suivant: *Procuratorium Johannis Paris impressatoris librorum.*

Le 27 avril 1491, Jean Paris, imprimeur de livres, donne procuration à Nicolas Zimmerlin son serviteur [employé] de régler ses comptes avec Jean Rosenbach, imprimeur de Valence, et de retirer d'entre ses mains les livres qu'il détient « levandum, percipiendum et exigendum a magistro Johanne Rosenbach, impressatore Valencie magne, omnes res, libros et summas, etc. » avec Pierre Verdet, prêtre habitant de Pampelune « a quodam Petro Verdet presbitero habitatore Pampelone », et enfin avec Denis de La Roche, habitant de Sarragosse « a Dionisio de La Roche habitatore de Sarragosse ».

Ce document prouve, nous le croyons du moins, que le commerce avec l'Espagne des livres imprimés à Toulouse existait bien avant cette époque.

Le commerce de Toulouse avec l'Espagne était très prospère et très considérable; de même que les marchands allemands, les marchands espagnols avaient leurs facteurs, plusieurs négociants vinrent même s'y établir et y fonder des comptoirs très florissants, tels que les Bernuy, les Lopez, etc.

L'Espagne ne se contenta pas seulement d'entretenir des relations commerciales avec notre cité, mais elle y envoya aussi des étudiants suivre les cours des professeurs de son Université.

Les imprimeurs de Toulouse s'empressèrent de profiter de ces circonstances pour se créer des débouchés dans les principales villes du royaume d'Espagne et, à l'exemple des autres négociants, ils y établirent des dépositaires.

Mayer vint s'établir à Toulouse vers 1484 ou 1485, et non en 1489 comme on l'a cru jusqu'à ce jour, et il mourut vers 1499 ou 1500.

Mayer était aussi allemand; il habitait à Toulouse dans la rue du Taur.

Un grand nombre d'actes que nous avons retrouvés, concernant cet imprimeur, nous ont permis de constater la prospérité de son imprimerie, d'établir le nom de certains de ses ouvriers et de fixer leurs salaires.

Nous avons avancé que Mayer était venu se fixer à Toulouse vers 1484 ou 1485. Ce qui autorise cette précision, c'est un acte portant le titre suivant : *Debitum magistri Andree Fabri impressatoris librorum*. (Nous devons faire remarquer que dans le titre de l'acte *Debitum* le notaire fait toujours figurer le nom du créancier, et jamais celui du débiteur.)

Dans cet acte, qui porte la date du 31 mars 1490, Mayer se reconnaît débiteur vis-à-vis d'André Fabre d'une somme de 185 écus d'or, 28 doubles, montant des salaires qu'il lui devait pour six années de travail « ratione et ex causa laboris sui officii impressure, ex hoc quia dictus Andreas Fabri mansit cum dicto magistro Henrico Mayer per spatium sex annorum continuorum et completorum in exercendo predictum officium impressure »; en tenant compte des six ans que Fabre est resté avec Mayer, nous remontons à l'année 1484 ou 1485, époque que nous avons fixée.

Testamentum Andree Fabri impressatoris librorum. — André Fabre fit son testament le 31 juillet 1490, quatre mois après la reconnaissance de sa dette par Mayer, son patron; il institua pour son héritière générale et universelle la Table des corps saints de saint Sernin de Toulouse, et dans ce même acte il déclara que Henri Mayer était son débiteur de 185 écus d'or, 28 doubles, pour les causes énoncées dans un acte de reconnaissance «et hoc cum mediante quodam publico recognitionis instrumento», dont nous venons de parler. Mayer intervint de nouveau, confessa devoir cette somme et sollicita de son créancier une prolongation de délai jusqu'à la Nativité de Notre-Seigneur.

Debitum Tabule Corporum sanctorum sancti Saturnini. — Peu de temps après la mort d'André Fabre, nous trouvons le 24 mai 1491, Mayer détenu dans les prisons de la Maison de Ville de Toulouse, à la requête des bailles de la Table des corps saints de saint Sernin de Toulouse, créancière de Mayer comme héritière d'André Fabre.

Mayer obtient son élargissement en fournissant des cautions, les nommés Hugues Ducos (de Cosso), marchand, Nicolas Barbare (Barbari) Alexandre Grossard, Mathurin Johannely (Johanneli) relieurs. (Nous ferons suivre de la mention «inconnu», tous les noms de relieurs, imprimeurs ou libraires qui ne figurent pas sur les listes de MM. Desbarreaux-Bernard et Claudin.)

Seul, Johannely figure sur la liste de M. Desbarreaux-Bernard, les autres sont inconnus.

Instrumentum collogii Johannis Decritzmach impressatoris librorum Tholose. — Le 1er avril 1490, Henri Mayer, imprimeur (Henricus Mayer, impressator librorum patrie alamanie), prend à son service pour l'aider pendant un an dans le travail de son imprimerie un certain Jean Decritzmach, imprimeur, de nationalité allemande, moyennant un salaire de 50 florins d'or allemands «quinquaginta florinorum patrie alamanie» payable la moitié à la fête de la Toussaint et l'autre moitié à l'expiration de l'engagement: il devait, en outre, lui fournir le lit et la table «tenere vitam et lectum».

Les témoins de cet acte sont : Nicholas Borbon et Jean Melchisedec, libraires de Toulouse, inconnus.

Instrumentum quittancie magistri Henrici Mayer et Johannis Decritzmach. — Le 26 mai 1491, Henri Mayer s'acquitte vis-à-vis de son ouvrier Decritzmach de la somme qu'il lui devait, 50 florins d'or allemands.

Les témoins de cet acte sont : Pierre Botelher (Botchberii, impressor librorum patric alamanie) et Pierre Ongre (Ongarice, patrie Ongarie), marchand libraire, habitants de Toulouse, inconnus.

Instrumentum quittencie magistri Henrici Mayer. — Le 23 octobre 1491, Henri Mayer, paye entre les mains de Dominique Dupeyron, chanoine, prieur claustral du monastère de Saint-Sernin, Pierre Papilhon, prébendier, Pierre Valade et Denis Columb, tailleurs, bailles de la Table des corps saints de Saint-Sernin la somme de 185 écus d'or, 28 doubles, montant de sa dette contracté evis-à-vis d'André Fabre.

Debitum magistri Petri Hongri mercatoris librorum Tholose. — Cet acte a appelé notre attention à raison des termes dans lesquels il est conçu.

Le 16 février 1491 (n. s. 1492), Henri Mayer reconnaît devoir à Pierre Hongre, marchand de livres, la somme de 34 livres tournois, pour frais de réparation de lettres (caractères) de leur office d'imprimerie et reliquat de leur compte arrêté entre eux « ad causam reparationis certarum litterarum eorum officii impressure et ex accordio et finalis compoti inter ipsos in Tholosa facti »; d'après ce texte on est autorisé à dire que Mayer eut comme associé pendant quelque temps Pierre Hongre, qui servit de témoin dans l'acte de quittance Deeritzmach.

Debitum Johannis de Bazaler impressatoris librorum patrie alamanie et de presenti Tholose habitatoris. — Le 31 mars 1492, Henri Mayer reconnaît une dette de 8 écus en faveur de Jean de Bazeler, pour le payer des services qu'il lui a rendus dans son atelier d'imprimerie, et promet de la lui payer quinze jours après Pâques, soit à Toulouse, soit à Lyon. Il est probable que cet ouvrier en quittant Toulouse se dirigea sur Lyon.

Nous sommes arrivés à une des parties les plus intéressantes de notre étude, ce sont les actes de louage ou d'embauchage d'ouvriers. Comme il y en a un certain nombre, pour éviter de nous répéter, nous ne les analyserons pas, nous nous contenterons seulement d'indiquer la date de l'acte, le nom de l'ouvrier, sa spécialité, son lieu d'origine, la durée de son engagement, et le prix de son salaire :

20 juillet 1492. Jacques Balter, imprimeur allemand, 6 mois, 12 livres tournois, lit et table.

20 juillet 1492. Vordelin Urterin, imprimeur, un an, 12 écus, lit et table.

25 avril 1493. Jean Jordan, clerc, compositeur, du lieu de Menixtosa? diocèse de Poitiers, 3 mois, 2 écus d'or, lit et table.

BIBLIOTHÈQUE NATIONALE — R.F. — IMPRIMÉS

25 avril 1493. Jean Burger, compositeur de livres, 3 ans, 2 écus d'or par mois, lit et table.

25 avril 1493. Jean Kubler, de Thann, diocèse de Bâle, compositeur, 6 mois, 2 écus, lit et table.

22 mai 1493. Jean Balter, imprimeur, 3 mois, 15 livres tournois par mois.

22 mai 1493. Jean Moc, imprimeur, 3 mois, 4 écus.

22 mai 1493. Jean Florac, 3 mois, 2 livres par mois, lit et table.

25 janvier 1493 (n. s. 1494), Thomas Nérec, clerc et imprimeur, du lieu de Chambri? arrondissement de Grenoble, 5 mois, 5 livres tournois par mois, lit et table, il s'engage à terminer deux formes par jour.

25 janvier 1493 (n. s. 1494), Jacques Benoit Deyfar, compositeur, du lieu de Barcelone, 5 mois, 4 livres tournois par mois, il s'engage à composer et corriger deux formes par jour et à terminer tout livre commencé à raison de 4 livres par mois.

25 janvier 1493 (n. s. 1494), Ambroise Brockseser, compositeur, 5 mois, 5 livres tournois par mois; il s'engage à corriger et à distribuer deux formes par jour du livre *De Proprietatibus rerum*.

25 janvier 1493 (n. s. 1494), Hugues Meram, dator hongeasi? 3 mois, 3 livres tournois par mois, pour tirer et battre.

26 novembre 1494. Vinaud Lupelhem, 6 mois, 2 livres et demie tournois par mois.

10 décembre 1494. Pierre Ginochas, 4 livres tournois, du 10 décembre à Pâques.

Debitum Anthonii Columberii. — Le 17 décembre 1493, Mayer achète à Colombier, facteur de Guillaume Buisson, marchand d'Ambert, diocèse de Clermont, 400 rames de papier gros bâtard «grossi bastardi» livrables d'ici à la fin avril prochain au prix de 425 livres tournois. Mayer promet de payer savoir: 100 écus petits d'ici à la foire de Pâques de Lyon, et le solde au mois d'août.

Le 10 novembre 1494, Mayer n'ayant pu s'acquitter aux échéances se reconnaît débiteur vis-à-vis de Buisson de la somme de 425 livres tournois.

Le même jour et dans le même acte, Colombier reconnaît avoir reçu en gage 700 volumes de l'ouvrage *De Proprietatibus rerum*, imprimé en langue espagnole.

Cet ouvrage fut commencé le 25 janvier 1493 (n. s. 1494). Mayer embaucha pour l'impression de cet ouvrage Ambroise Brockseser, compositeur; M. Desbarreaux-Bernard le cite dans sa liste des ouvrages imprimés en espagnol par Mayer.

Si Mayer eut ses débuts heureux, à la fin de sa carrière, il ne vit pas ses efforts couronnés de succès; en effet, nous trouvons que tous ses biens furent vendus par le sénéchal à la requête du trésorier royal.

Emptio providi Johannis Magni Johannis librarii Tholose. — Le 8 avril 1501, Paris vend à Grand Jean, le matériel d'imprimerie de Mayer dont il s'est rendu adjudicataire, et lui cède en même temps les 25 livres qui lui ont été allouées par le sénéchal moyennant le prix de 16 livres tournois.

Debitum Johanni Magni Johannis concessum per Thibaudum Monin et Nycolaum [Nicholaum] Gayraud. — Le 9 juillet 1501, Grand Jean vendit à Thibaud Monin, papetier et à Nicholas Garaud, imprimeur de Nerlen, diocèse de Mayence « de Nerlen de la diocesa de Maglhesey »? moyennant 200 écus un matériel d'imprimerie. A l'acte en latin est joint l'original des pactes passés entre les parties contenant l'énumération du matériel écrits en langue romaine et signés de Grand Jean et de Garaud.

Nous ignorons si ce matériel était celui de Mayer, nous n'avons trouvé aucun acte qui pût nous renseigner à cet égard.

Matrimonium Bernardi Intzverger, impressatoris librorum Tholose et Raymunde Oliere, relicte Johannis de Velhieriis quondam religatoris librorum Tholose. — Avant de terminer, nous signalerons le contrat de mariage de Bernard Intzverger, imprimeur, habitant de Toulouse, fils de Conrard Intzverger, du lieu de Spire, avec Raimonde Olière, veuve de Jean Velhier, relieur, habitante de Toulouse; cet acte porte la date du 10 octobre 1488. Cet imprimeur est inconnu.

Parmi les témoins nous relevons le nom de Stephanus Caleblet (ce doit être Estevan Clelebat signalé par MM. Desbarreaux-Bernard et Claudin); nous n'avons trouvé aucun acte intéressant cet imprimeur.

M. Desbarreaux-Bernard nous fait connaître que Paris et Clelebat étaient associés en 1489; nous considérons ce renseignement comme exact, mais nous tenons à faire remarquer que l'association de Clelebat avec Paris fut de courte durée.

Nous terminons cette étude en signalant les précieux renseignements que peuvent fournir les registres des notaires. On a pu en juger par les découvertes de M. le chanoine Douais qui ont permis de reconstituer une partie de l'histoire de l'art toulousain, d'éclaircir certains points obscurs de cette histoire et enfin de révéler l'existence de plusieurs artistes toulousains inconnus.

Ce que M. le chanoine Douais a fait pour l'art toulousain, nous avons essayé de le faire, dans la mesure de nos moyens, pour l'imprimerie à Toulouse.

Le jour, espérons qu'il ne sera pas trop éloigné, où une mesure générale prescrira la centralisation de tous les registres des notaires dans des dépôts spéciaux accessibles au public, les chercheurs auront à leur disposition une quantité de registres qui n'ont jamais été compulsés, et dont les découvertes faites dans le dépôt de Toulouse prouvent l'importance.

www.ingramcontent.com/pod-product-compliance
Ingram Content Group UK Ltd.
Pitfield, Milton Keynes, MK11 3LW, UK
UKHW022300070726
13613UKWH00005B/2415